POEMAS EN PROSA

FEDERICO
GARCÍA
LORCA

} Ya lo dijo Casimiro Parker

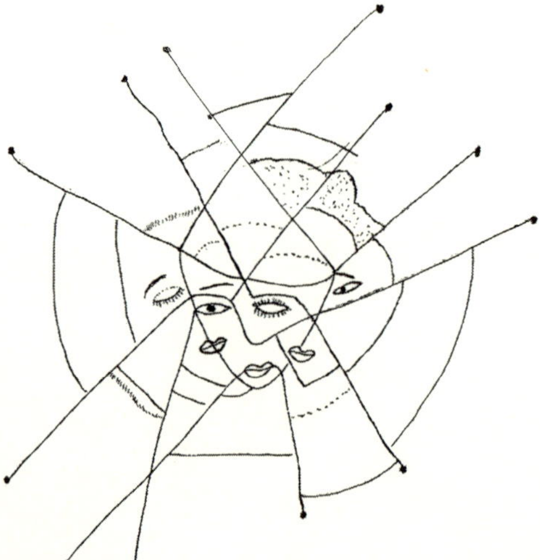

Federico García Lorca

FEDERICO
GARCÍA
LORCA
(1898-1936)

Su obra poética está compuesta por los siguientes libros:

Libro de poemas (escrito entre los años 1918 y 1920)
Suites (1920-1923)
Poema del cante jondo (1921)
Primeras canciones (1922)
Canciones (1921-1924)
Odas (1926-1928)
Poemas en prosa (1927-1928)
Romancero gitano (1928)
Poeta en Nueva York (1929-1930)
Seis poemas galegos (1932-1934)
Diván del Tamarit (1931-1934)
Llanto por Ignacio Sánchez Mejías (1935)
Sonetos del amor oscuro (1935-1936)

La obra poética de Lorca se completaría con otros poemas no recogidos en ningún libro.

Cadaqués, 1927

Escrito durante los años 1927 y 1928.

FEDERICO
GARCÍA
LORCA

POEMAS EN PROSA

Santa Lucía y San Lázaro

A Sebastià Gasch

A las doce de la noche llegué a la ciudad. La escarcha bailaba sobre un pie. «Una muchacha puede ser morena, puede ser rubia, pero no debe ser ciega». Esto decía el dueño del mesón a un hombre seccionado brutalmente por una faja. Los ojos de un mulo que dormitaba en el umbral me amenazaron como dos puños de azabache.

—Quiero la mejor habitación que tenga.
—Hay una.
—Pues vamos.

La habitación tenía un espejo. Yo, medio peine en el bolsillo. «Me gusta». (Vi mi «Me gusta» en el espejo verde). El posadero cerró la puerta. Entonces, vuelto de espaldas al helado campillo de azogue, exclamé otra vez: «Me gusta». Abajo, el mulo resoplaba. Quiero decir que abría el girasol de su boca.

No tuve más remedio que meterme en la cama. Y me acosté. Pero tomé la precaución de dejar abiertos los postigos, porque no hay nada más hermoso que ver una estrella sorprendida y fija dentro de un marco. Una. Las demás hay que olvidarlas.

Esta noche tengo un cielo irregular y caprichoso. Las estrellas se agrupan y extienden en los cristales, como las tarjetas y retratos en el esterillo japonés.

Cuando me dormía, el exquisito minué de las buenas noches se iba perdiendo en las calles.

•

Con el nuevo sol volvía mi traje gris a la plata del aire humedecido. El día de primavera era como una mano desmayada sobre un cojín. En la calle las gentes iban y venían. Pasaron los vendedores de frutas y los que venden peces del mar.

Ni un pájaro.

Mientras sonaban mis anillos en los hierros del balcón busqué la ciudad en el mapa y vi cómo permanecía dormida en el amarillo entre ricas venillas de agua, ¡distante del mar!

En el patio, el posadero y su mujer cantaban un dúo de espino y violeta. Sus voces oscuras, como dos topos huidos, tropezaban con las paredes sin encontrar la cuadrada salida del cielo.

Antes de salir a la calle para dar mi primer paseo los fui a saludar.

—¿Por qué dijo usted anoche que una muchacha puede ser morena o rubia, pero no debe ser ciega?

El posadero y su mujer se miraron de una manera extraña.

Se miraron... equivocándose. Como el niño que se lleva a los ojos la cuchara llena de sopita. Después rompieron a llorar.

Yo no supe qué decir y me fui apresuradamente.

En la puerta leí este letrero. «Posada de Santa Lucía».

•

Santa Lucía fue una hermosa doncella de Siracusa.

La pintan con dos magníficos ojos de buey en una bandeja.

Sufrió martirio bajo el cónsul Pascasiano, que tenía los bigotes de plata y aullaba como un mastín.

Como todos los santos, planteó y resolvió teoremas deliciosos, ante los que rompen sus cristales los aparatos de Física.

Ella demostró en la plaza pública, ante el asombro del pueblo, que mil hombres y cincuenta pares de bueyes no pueden con la palomilla luminosa del Espíritu Santo. Su cuerpo, su cuerpazo, se puso de plomo comprimido. Nuestro Señor, seguramente, estaba sentado con cetro y corona sobre su cintura.

Santa Lucía fue moza alta, de seno breve y cadera opulenta. Como todas las mujeres bravías, tuvo ojos demasiado grandes, hombrunos, con una desagradable luz oscura. Expiró en un lecho de llamas.

•

Era el cenit del mercado y la playa del día estaba llena de caracolas y tomates maduros. Ante la milagrosa fachada de la catedral, yo comprendía perfectamente cómo san Ramón Nonnato pudo atravesar el mar desde las Islas Baleares hasta Barcelona montado sobre su capa, y cómo el viejísimo Sol de la China se enfurece y salta como un gallo sobre las torres musicales hechas con carne de dragón.

Las gentes bebían cerveza en los bares y hacían cuentas de multiplicar en las oficinas, mientras los signos + y X de la Banca judía sostenían con la sagrada señal de la Cruz un combate oscuro, lleno por dentro de salitre y cirios apagados. La campana gorda de la catedral vertía sobre la urbe una lluvia de campanillas de cobre que se clavaban en los tranvías entontecidos y en los nerviosos cuellos de los caballos. Había olvidado mi baedeker y mis gemelos de campaña y me puse a mirar la ciudad como se mira el mar desde la arena.

Todas las calles estaban llenas de tiendas de óptica. En las fachadas miraban grandes ojos de megaterio, ojos terribles, fuera de la órbita de almendra que da intensidad a los humanos, pero que aspiraban a pasar inadvertida su monstruosidad fingiendo parpadeos de Manueles, Eduarditos y Enriques. Gafas y vidrios ahumados buscaban la inmensa mano cortada de la guantería, poema en el aire, que suena, sangra y borbotea como la cabeza del Bautista.

La alegría de la ciudad se acababa de ir y era como el niño recién suspendido en los exámenes. Había sido alegre, coronada de trinos y marginada de juncos hasta hacía pocas horas, en que la tristeza que afloja los cables de la electricidad y levanta las losas de los pórticos había invadido las calles con su rumor imperceptible de fondo de espejo. Me puse a llorar. Porque no hay nada más conmovedor que la tristeza nueva sobre las cosas regocijadas, todavía poco densas, para evitar que la alegría se transparente al fondo, llena de monedas con agujeros.

Tristeza recién llegada de los librillos de papel marca «El Paraguas», «El Automóvil», y «La Bicicleta»; tristeza del Blanco y Negro de 1910; tristeza de las puntillas bordadas en la enagua, y aguda tristeza de las grandes bocinas del fonógrafo.

Los aprendices de óptico limpiaban cristales de todos tamaños con gamuzas y papeles finos, produciendo un rumor de serpiente que se arrastra.

En la catedral se celebraba la solemne novena a los ojos humanos de Santa Lucía. Se glorificaba el exterior de las cosas, la belleza limpia y oreada de la piel, el encanto de las superficies delgadas, y se pedía auxilio contra las oscuras fisiologías del cuerpo, contra el fuego central y los embudos de la noche, levantando, bajo la cúpula sin pepitas, una lámina de cristal purísimo acribillado en todas direcciones por finos reflectores de oro. El mundo de la hierba se oponía al mundo del mineral. La uña, contra el corazón. Dios de contorno, transparencia y superficie. Con el miedo al latido y el horror al chorro de sangre, se pedía la tranquilidad de las ágatas y la desnudez sin sombra de la medusa.

Cuando entré en la catedral se cantaba la lamentación de las seis mil diostrias, que sonaba y resonaba en las tres bóvedas llenas de jarcias, olas y vaivenes, como tres batallas de Lepanto. Los ojos de la Santa miraban en la bandeja con el dolor frío del animal a quien acaban de darle la puntilla.

Espacio y distancia. Vertical y horizontal. Relación entre tú y yo. ¡Ojos de Santa Lucía! Las venas de las plantas de los pies duermen tendidas en sus lechos rosados, tranquilizadas por las dos pequeñas estrellas que arriba las alumbran. Dejamos nuestros ojos en la superficie, como las flores acuáticas, y nos agazapamos detrás de ellos mientras flota en un mundo oscuro nuestra palpitante fisiología.

Me arrodillé.

Los chantres disparaban escopetazos desde el coro.

Mientras tanto había llegado la noche. Noche cerrada y brutal, como la cabeza de una mula con anteojeras de cuero.

En una de las puertas de salida estaba colgado el esqueleto de un pez antiguo; en otra, el esqueleto de un serafín, mecido suavemente por el aire ovalado de las ópticas, que llegaba fresquísimo de manzana y orilla.

Era necesario comer y pregunté por la posada.

—Se encuentra usted muy lejos de ella. No olvide que la catedral está cerca de la estación del ferrocarril y esa posada se halla situada al Sur, más abajo del río.

—Tengo tiempo de sobra.

•

Cerca estaba la estación del ferrocarril.

Plaza ancha, representativa de la emoción coja que arrastra la luna menguante, se abría al fondo, dura como las tres de la madrugada.

Poco a poco los cristales de las ópticas se fueron ocultando en sus pequeños ataúdes de cuero y níquel, en el silencio que descubría la sutil relación de pez, astro y gafas.

El que ha visto sus gafas solas bajo el claro de luna, o abandonó sus impertinentes en la playa, ha comprendido, como yo, esta delicada armonía (pez, astro, gafas) que se entrechoca sobre un inmenso mantel blanco recién mojado de *champagne*.

Pude componer perfectamente hasta ocho naturalezas muertas con los ojos de Santa Lucía.

Ojos de Santa Lucía sobre las nubes, en primer término, con un aire del que se acaban de marchar los pájaros.

Ojos de Santa Lucía en el mar, en la esfera del reloj, a los lados del yunque, en el gran tronco recién cortado.

Se pueden relacionar con el desierto, con las grandes superficies intactas, con un pie de mármol, con un termómetro, con un buey.

No se pueden unir con las montañas, ni con la rueca, ni con el sapo, ni con las materias algodonosas. Ojos de Santa Lucía.

Lejos de todo latido y lejos de toda pesadumbre. Permanentes. Inactivos. Sin oscilación ninguna. Viendo cómo huyen todas las cosas envueltas en su difícil temperatura eterna. Merecedores de la bandeja que les da realidad y levantados, como los pechos de Venus, frente al monóculo lleno de ironía que usa el enemigo malo.

•

Eché a andar nuevamente, impulsado por mis suelas de goma.

Me coronaba un magnífico silencio rodeado de pianos de cola por todas partes. En la oscuridad, dibujado con bombillas eléctricas, se podía leer sin esfuerzo ninguno: *Estación de San Lázaro.*

•

San Lázaro nació palidísimo. Despedía olor de oveja mojada. Cuando le daban azotes echaba terroncitos de azúcar por la boca. Percibía los menores ruidos. Una vez confesó a su madre que podía contar en la madrugada, por sus latidos, todos los corazones que había en la aldea.

Tuvo predilección por el silencio de otra órbita que arrastran los peces y se agachaba lleno de terror siempre que pasaba por un arco. Después de resucitar inventó el ataúd, el cirio, las luces de magnesio y las estaciones de ferrocarril. Cuando murió estaba duro y laminado como un pan de plata. Su alma iba detrás, desvirgada ya por el otro mundo, llena de fastidio, con un junco en la mano.

•

El tren correo había salido a las doce de la noche.

Yo tenía necesidad de partir en el expreso de las dos de la madrugada. Entradas de cementerios y andenes.

El mismo aire, el mismo vacío. los mismos cristales rotos.

Se alejaban los raíles latiendo en su perspectiva de teorema, muertos y tendidos como el brazo de Cristo en la Cruz.

Caían de los techos en sombra yertas manzanas de miedo.

En la sastrería vecina las tijeras cortaban incesantemente piezas de hilo blanco.

Tela para cubrir desde el pecho agostado de la vieja hasta la cuna del niño recién nacido.

Por el fondo llegaba otro viajero. Un solo viajero.

Vestía un traje blanco de verano con botones de nácar y llevaba puesto un guardapolvo del mismo color. Bajo su jipi recién lavado brillaban sus grandes ojos mortecinos entre su nariz afilada.

Su mano derecha era de duro yeso y llevaba colgado del brazo un cesto de mimbre lleno de huevos de gallina.

No quise dirigirle la palabra.

Parecía preocupado y como esperando que lo llamasen. Se defendía de su aguda palidez con su barba de Oriente, barba que era el luto por su propio tránsito.

Un realísimo esquema mortal ponía en mi corbata iniciales de níquel.

Aquella noche era la noche de fiesta en la cual toda España se agolpa en las barandillas para observar un toro negro que mira al cielo melancólicamente y brama de cuatro en cuatro minutos.

El viajero estaba en el país que le convenía y en la noche a propósito para su afán de perspectivas, aguardando tan solo el toque del alba para huir en pos de las voces que necesariamente habían de sonar.

La noche española, noche de almagre y clavos de hierro, noche bárbara, con los pechos al aire, sorprendida por un telescopio único, agradaba al viajero enfriado. Gustaba su profundidad increíble donde fracasa la sonda, y se complacía en hundir sus pies en el lecho de cenizas y arena ardiente sobre el que descansaba.

El viajero andaba por el andén con una lógica de pez en el agua o de mosca en el aire; iba y venía, sin observar las largas paralelas tristes de los que esperan el tren.

Le tuve gran lástima porque sabía que estaba pendiente de una voz, y estar pendiente de una voz es como estar sentado en la guillotina de la Revolución francesa.

Tiro en la espalda, telegrama imprevisto, sorpresa. Hasta que el lobo cae en la trampa, no tiene miedo. Se disfruta el silencio y se gusta el latido de las venas. Pero esperar una sorpresa es convertir un instante, siempre fugaz, en un gran globo morado que permanece y llena toda la noche.

El ruido de un tren se acercaba confuso como una paliza.

Yo cogí mi maleta, mientras el hombre del traje blanco miraba en todas direcciones. Al fin una voz clara, estambre de un altavoz autoritario, clamó al fondo de la estación: «¡Lázaro! ¡Lázaro! ¡Lázaro!». Y el viajero echó a correr dócil, lleno de unción, hasta perderse en los últimos faroles.

En el instante de oír la voz: «¡Lázaro! ¡Lázaro! ¡Lázaro!», se me llenó la boca de mermelada de higuera.

•

Hace unos momentos que estoy en casa.

Sin sorpresa he hallado mi maletín vacío. Solo unas gafas y un blanquísimo guardapolvo. Dos temas de viaje. Puros y aislados. Las gafas, sobre la mesa, llevaban al máximo su dibujo concreto y su fijeza extraplana. El guadapolvo se desmayaba en la silla en su siempre última actitud, con una lejanía poco humana ya, lejanía bajo cero de pez ahogado. Las gafas iban hacia un teorema geométrico de demostración exacta, y el guadapolvo se arrojaba a un mar lleno de naufragios y verdes resplandores súbitos. Gafas y guardapolvo. En la mesa y en la silla. Santa Lucía y San Lázaro.

Brisa de mar, 1927-1928.

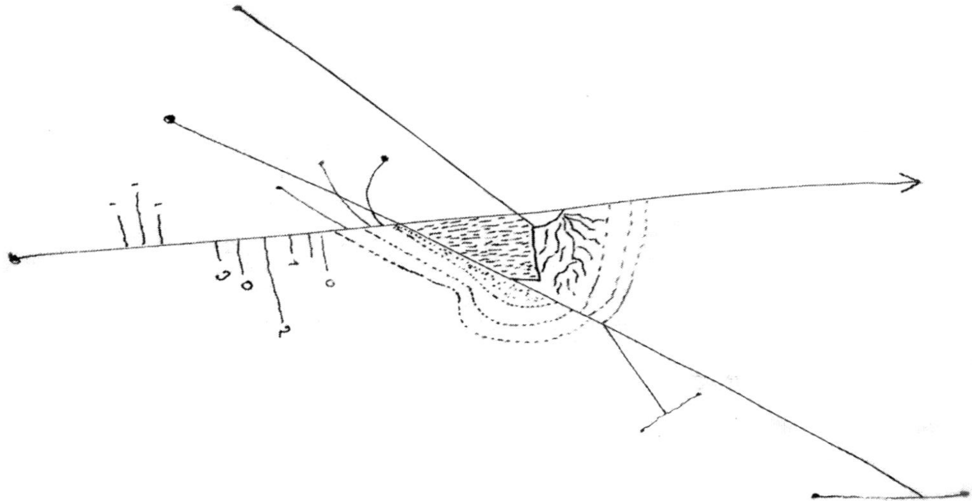

Nadadora sumergida

Yo he amado a dos mujeres que no me querían, y sin embargo no quise degollar a mi perro favorito. ¿No os parece, condesa, mi actitud una de las más puras que se me pueden adoptar?

Ahora sé lo que es despedirse para siempre. El abrazo diario tiene brisa de molusco.

Este último abrazo de mi amor fue tan perfecto, que la gente cerró los balcones con sigilo. No me haga usted hablar, condesa. Yo estoy enamorado de una mujer que tiene medio cuerpo en la nieve del norte. Una mujer amiga de los perros y fundamentalmente enemiga mía.

Nunca pude besarla a gusto. Se apagaba la luz o ella se disolvía en el frasco de whisky. Yo entonces no era aficionado a la ginebra inglesa. Imagine usted, amiga mía, la calidad de mi dolor.

Una noche, el demonio puso horribles mis zapatos. Eran las tres de la madrugada. Yo tenía un bisturí atravesado en mi garganta y ella un largo pañuelo de seda. Miento. Era la cola de un caballo. La cola del invisible caballo que me había de arrastrar. Condesa: hace usted bien en apretarme la mano.

Empezamos a discutir. Yo me hice un arañazo en la frente y ella con gran destreza partió el cristal de su mejilla. Entonces nos abrazamos.

Ya sabe usted lo demás.

La orquesta lejana luchaba de manera dramática con las hormigas volantes.

Madame Barthou hacía irresistible la noche con sus enfermos diamantes del Cairo y el traje violeta de Olga Montcha acusaba, cada minuto más palpable, su amor por el muerto Zar.

Margarita Gross y la españolísima Lola Cabeza de Vaca, llevaban contadas más de mil olas sin ningún resultado.

En la costa francesa empezaban a cantar los asesinos de los marineros y los que roban la sal a los pescadores.

Condesa: aquel último abrazo tuvo tres tiempos y se desarrolló de manera admirable.

Desde entonces dejé la literatura vieja que yo había cultivado con gran éxito.

Es preciso romperlo todo para que los dogmas se purifiquen y las normas tengan nuevo temblor.

Es preciso que el elefante tenga ojos de perdiz y la perdiz pezuñas de unicornio.

Por un abrazo sé yo todas estas cosas y también por este gran amor que me desgarra el chaleco de seda.

¿No oye usted el vals americano? En Viena hay demasiados helados de turrón y demasiado intelectualismo. El vals americano es perfecto como una Escuela Naval. ¿Quiere usted que demos una vuelta por el baile?

•

A la mañana siguiente, fue encontrada en la playa la Condesa de X con un tenedor de ajenjo clavado en la nuca. Su muerte debió ser instantánea. En la arena se encontró un papelito manchado de sangre que decía así: «Puesto que no te puedes convertir en paloma, bien muerta estás».

Los policías suben y bajan las dunas montados en bicicletas.

Se asegura que la bella Condesa de X era muy aficionada a la natación, y que ésta ha sido la causa de su muerte.

De todas maneras podemos afirmar que se ignora el nombre de su maravilloso asesino.

Suicidio en Alejandría

13 y 22

Cuando pusieron la cabeza cortada sobre la mesa del despacho, se rompieron todos los cristales de la ciudad. Será necesario calmar a esas rosas, dijo la anciana. Pasaba un automóvil y era un 13. Pasaba otro automóvil y era un 22. Pasaba una tienda y era un 13. Pasaba un kilómetro y era un 22. La situación se hizo insostenible. Había necesidad de romper para siempre.

12 y 21

Después de la terrible ceremonia, se subieron todos a la última hoja del espino, pero la hormiga era tan grande, tan grande, que se tuvo que quedar en el suelo con el martillo y el ojo enhebrado.

11 y 20

Luego se fueron en automóvil. Querían suicidarse para dar ejemplo y evitar que ninguna cadena se pudiera acercar a la orilla.

10 y 19

Rompían los tabiques y agitaban los pañuelos. ¡Genoveva! ¡Genoveva! ¡Genoveva! Era de noche, y se hacía precisa la dentadura y el látigo.

9 y 18

Se suicidaban sin remedio, es decir, nos suicidábamos. ¡Corazón mío! ¡Amor! La Tour Eiffel es hermosa y el sombrío Támesis también. Si vamos a casa de Lord Butown nos darán la cabeza de langosta y el pequeño círculo de humo. Pero nosotros no iremos nunca a casa de ese chileno.

8 y 17

Ya no tiene remedio. Bésame sin romperme la corbata. Bésame, bésame.

7 y 16

Yo, un niño, y tú, lo que quiera el mar. Reconozcamos que la mejilla derecha es un mundo sin normas y la astronomía un pedacito de jabón.

6 y 15

Adiós. ¡Socorro! Amor, amor mío. Ya morimos juntos. ¡Ay! Terminad vosotros por caridad este poema.

5 y 14

4 y 13

Al llegar este momento vimos a los amantes abrazarse sobre las olas.

3 y 12

2 y 11

1 y 10

Un golpe de mar violentísimo barrió los muelles y cubiertas de los barcos. Solo se sentía una voz sorda entre los peces que clamaba.

9
8
7
6
5
4
3
2
1
0

Nunca olvidaremos los veraneantes de la playa de Alejandría, aquella emocionante escena de amor que arrancó lágrimas de todos los ojos.

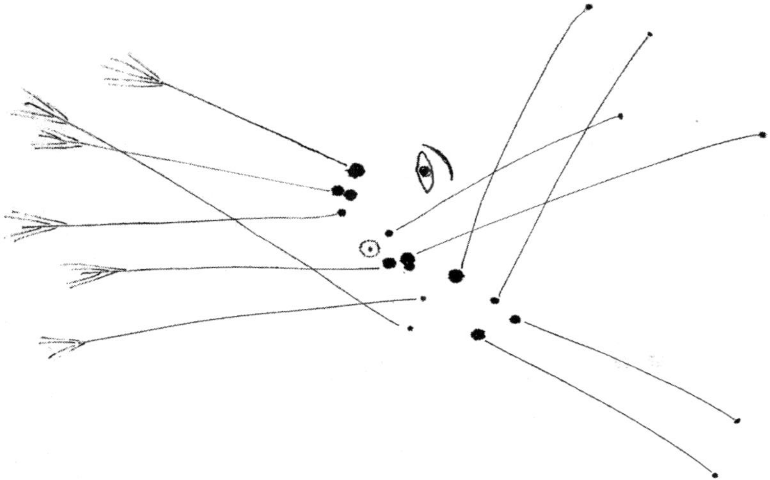

San Sebastián, 1927.

Amantes asesinados por una perdiz

— Los dos lo han querido —me dijo su madre.

—¿Los dos...? No es posible, señora —dije yo—. Usted tiene demasiado temperamento y a su edad ya se sabe por qué caen los alfileres del rocío.

—Calle usted, Luciano, calle usted...

—No, no, Luciano, no. Para resistir este nombre, necesito contener el dolor de mis recuerdos. ¿Y usted cree que aquella pequeña dentadura y esa mano de niño que se han dejado olvidada dentro de la ola, me pueden consolar de esta tristeza?

—Los dos lo han querido —me dijo su prima—. Los dos.

Me puse a mirar el mar y lo he comprendido todo.

¿Será posible que del pico de esa paloma cruelísima que tiene corazón de elefante salga la palidez lunar de aquel trasatlántico que se aleja?

—Es que tuve que hacer varias veces uso de mi cuchara para defenderme de los lobos. Yo no tengo culpa ninguna. Usted lo sabe. ¡Dios mío! Estoy llorando.

—Los dos lo han querido —dije yo—. Los dos. Una manzana será siempre un amante, pero un amante no podrá ser jamás una manzana.

—Por eso se han muerto, por eso. Con veinte ríos y un solo invierno desgarrado.

•

Fue muy sencillo. Se amaban por encima de todos los museos.

Mano derecha,
con mano izquierda.
Mano izquierda,
con mano derecha.
Pie derecho,
con pie derecho.
Pie izquierdo,
con nube.
Cabello,
con planta de pie.
Planta de pie,
con mejilla izquierda.

¡Oh mejilla izquierda! ¡Oh, noroeste de barquitos y hormigas de mercurio! Dame el pañuelo, Genoveva; voy a llorar. Voy a llorar hasta que de mis ojos salga una muchedumbre de siempreviva...

Se acostaban.

No había otro espectáculo más tierno...

¿Me ha oído usted?
¡Se acostaban!
Muslo izquierdo,
con antebrazo izquierdo.
Ojos cerrados,
con uñas abiertas.
Cintura, con nuca,
y con playa.

Y las cuatro orejitas eran cuatro ángeles en la choza de la nieve. Se querían. Se amaban. A pesar de la ley de la gravedad. La diferencia que existe entre una espina de rosa y una star es sencillísima.

Cuando descubrieron esto, se fueron al campo.

Se amaban.

¡Dios mío! Se amaban ante los ojos de los químicos.

Espalda, con tierra,
tierra, con anís.
Luna, con hombro dormido.

Y las cinturas se entrecruzaban una y otra con un rumor de vidrios.

Yo vi temblar sus mejillas cuando los profesores de la universidad le traían miel y vinagre en una esponja diminuta. Muchas veces tenían que apartar a los perros que gemían por las yedras blanquísimas del lecho. Pero ellos se amaban.

Eran un hombre y una mujer,
o sea,
un hombre y un pedacito de tierra,
un elefante
y un niño,
un niño y un junco.
Eran dos mancebos desmayados
y una pierna de níquel.
¡Eran los barqueros!
Sí.

Eran los barqueros del Guadiana que cercaban con sus remos todas las rosas del mundo.

El viejo marino escupió el tabaco de su boca y dio grandes voces para espantar a la gaviotas. Pero era demasiado tarde.

Ocurrió. Tenía que ocurrir. Cuando las mujeres enlutadas llegaron a casa del gobernador, éste comía tranquilamente almendras verdes y pescados frescos con exquisito plato de oro. Era preferible no haber hablado con él.

En las islas Azores. Casi no puedo llorar. Yo puse dos telegramas, pero desgraciadamente ya era tarde.

Tarde. Muy tarde.

Solo sé deciros que dos niños que pasaban por la orilla del bosque vieron una perdiz que echaba un hilito de sangre por el pico.

Esta es la causa, querido capitán, de mi extraña melancolía.

Pavo real, 1927.

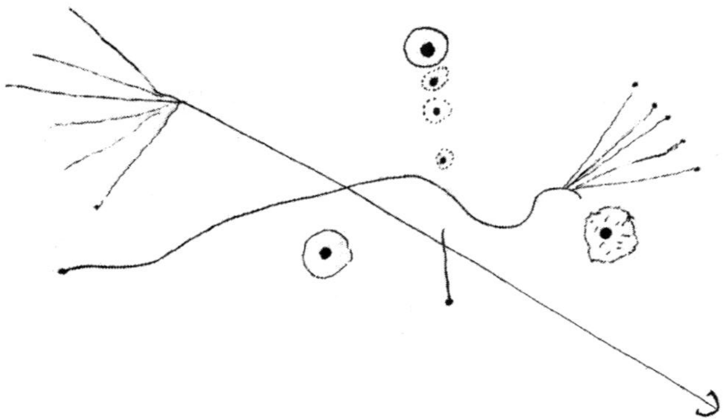

Degollación de los inocentes

Tris tras. Zig zag, rig rag, milg malg. La piel era tan tierna que salía íntegra. Niños y nueces recién cuajados.

Los guerreros tenían raíces milenarias y el cielo cabelleras mecidas por el aliento de los anfibios. Era preciso cerrar las puertas. Pepito. Manolito. Enriquito. Eduardito. Jaimito. Emilito.

Cuando se vuelvan locas las madres querrán construir una fábrica de sombreros de pórfido, pero no podrán nunca con esta crueldad atenuar la ternura de sus pechos derramados.

Se arrollaban las alfombras. El aguijón de la abeja hacía posible el manejo de la espada.

Era necesario el crujir de huesos Y el romper las presas de los ríos. Una jofaina y basta. Pero una jofaina que no se asuste del chorro interminable, que ha de sonar durante tres días.

Subían a las torres y descendían hasta las caracolas. Una luz de clínica venció al fin a la luz untosa del hospital. Ya era posible operar con todas garantías. Yodoformo y violeta, algodón y plata de otro mundo. ¡Vayan entrando!

Hay personas que se arrojan desde las torres a los patios y otras desesperadas que se clavan tachuelas en las rodillas. La luz de la mañana era cortante y el viento aceitoso hacía posible la herida menos esperada.

Jorgito. Alvarito. Guillermito. Leopoldito. Julito. Joseíto. Luisito. Inocentes. El acero necesita calores para crear las nebulosas y ¡vamos a la hoja incansable! Es mejor ser medusa y flotar, que ser niño. ¡Alegrísima degollación! Función lógica de la sangre sin luz que sangra sus paredes.

Venían por las calles más alejadas. Cada perro llevaba un piececito en la boca. El pianista loco recogía uñas rosadas para construir un piano sin emoción y los rebaños balaban con los cuellos partidos.

Es necesario tener doscientos hijos y entregarlos a la degollación. Solamente de esta manera sería posible la autonomía del lirio silvestre.

¡Venid! ¡Venid! Aquí está mi hijo tiernísimo, mi hijo de cuello fácil. En el rellano de la escalera lo degollarás fácilmente.

Dicen que se está inventando la navaja eléctrica para reanimar la operación.

¿Os acordáis del ruiseñor con las dos patitas rotas? Estaba entre los insectos, creadores de los estremecimientos y de las salivillas.

Puntas de aguja. Y rayas de araña sobre las constelaciones. Da verdadera risa pensar en lo fría que está el agua. Agua fría por las arenas, cielos fríos y lomos de caimanes. Aquí en las calles corre lo más escondido, lo más gustoso, lo que tiñe los dientes y pone pálidas las uñas. Sangre. Con toda la fuerza de su g.

Si meditamos y somos llenos de piedad verdadera, daremos la degollación como una de las grandes obras de misericordia. Misericordia de la sangre ciega que quiere, siguiendo la ley de su naturaleza, desembocar en el mar. No hubo siquiera ni una voz. El jefe de los hebreos atravesó la plaza para calmar a la multitud.

A las seis de la tarde ya no quedaban más que seis niños por degollar. Los relojes de arena seguían sangrando, pero ya estaban secas todas las heridas.

Toda la sangre estaba ya cristalizada cuando comenzaron a surgir los faroles. Nunca será en el mundo otra noche igual. Noche de vidrios y manecitas heladas.

Los senos se llenaban de leche inútil.

La leche maternal y la luna sostuvieron la batalla contra la sangre triunfadora. Pero la sangre ya se había adueñado de los mármoles y allí clavaba sus últimas raíces enloquecidas.

Degollación del bautista

Bautista: ¡Ay!
Los negros: ¡Ay ay!
Bautista: ¡Ay ay!
Los negros: ¡Ay ay ay!
Bautista: ¡Ay ay ay!
Los negros: ¡Ay ay ay ay!

Al fin vencieron los negros. Pero la gente tenía la convicción de que ganarían los rojos. La recién parida tenía un miedo terrible a la sangre, pero la sangre bailaba lentamente con un oso teñido de cinabrio bajo sus balcones. No era posible la existencia de los paños blancos, ni era posible el agua dulce en los valles. Se hacía intolerable la presencia de la luna y se deseaba el toro abierto, el toro desgarrado con el hacha y las grandes moscas gozadoras.

El escalofrío de los planetas repercutía sobre las yemas de los dedos y en las familias se empezaba a odiar el llanto, el llanto de perdigones que apaga la danza y agrupa las migas de pan. Las cintas habían destronado a las serpientes y el cuello de la mujer se hacía posible al humo y a la navaja barbera.

Bautista: ¡Ay ay ay ay!
Los negros: ¡Ay ay ay!
Bautista: ¡Ay ay ay!
Los negros: ¡Ay ay!
Bautista: ¡Ay ay!
Los negros: ¡Ay!
Los rojos
(apareciendo súbitamente): ¡Ay ay ay ay!

Ganaban los rojos. En cegadores triángulos de fuego, la multitud. Era preciso algún beso al niño muerto de la cárcel para poder masticar aquella flor abandonada. Salomé tenía más de siete dentaduras postizas y una redoma de veneno. ¡A él, a él! Ya llegaban a la mazmorra.

Tendrá que luchar con la raposa y con la luna de las tabernas. Tendrá que luchar. Tendrá que luchar. ¿Será posible que las palomas, que habían guardado silencio, y las siemprevivas golpeen la puerta de manera tan furiosa? Hijo mío. Niño mío de ojos oblicuos, cierra esa puerta sin que nadie pueda sospechar de ti. ¡Ya vienen los hebreos! ¡Ya vienen! Bajo un cielo de paños recogidos y monedas falsas.

Me duelen las palmas de las manos a fuerza de sostener patitas de gorriones. Hijo. ¡Amor! Un hombre puede recorrer las colinas en busca de su pistola y un barbero puede y debe hacer cruces de sangre en los cuellos de sus clientes, pero nosotros no debemos asomarnos a la ventana.

Ganan los rojos. Te lo dije. Las tiendas han arrojado todas las chalinas a la sangre. Se asegura en la Dirección de policía que el rubor ha subido un mil por mil.

Bautista:	Navaja
Los rojos:	cuchillo cuchillo.
Bautista:	Navaja navaja
Los rojos:	cuchillo cuchillo cuchillo.
Bautista:	Navaja navaja navaja
Los rojos:	cuchillo cuchillo cuchillo cuchillo.

Vencieron al fin en el último *goal.*

Bajo un cielo de plantas de pie. La degollación fue horripilante. Pero maravillosamente desarrollada. El cuchillo era prodigioso. Al fin y al cabo, la carne es siempre panza de rana. Hay que ir contra la carne. Hay que levantar fábricas de cuchillos. Para que el horror mueva su bosque intravenoso. El especialista de la degollación es enemigo de las esmeraldas. Siempre te lo había dicho, hijo mío. No conoce el chiclet, pero conoce el cuello tiernísimo de la perdiz viva.

El Bautista estaba de rodillas. El degollador era un hombrecito minúsculo. Pero el cuchillo era un cuchillo. Un cuchillo chispeante, un cuchillo de chispas con los dientes apretados.

El griterío del Stadium hizo que las vacas mugieran en todos los establos de Palestina. La cabeza del luchador celeste estaba en medio de la arena. Las jovencitas se teñían las mejillas de rojo y los jóvenes sus corbatas en el cañón estremecido de la yugular desgarrada.

La cabeza de Bautista:	¡Luz!
Los rojos:	Filo.
La cabeza de Bautista:	¡Luz! ¡Luz!
Los rojos:	Filo filo.
La cabeza de Bautista:	Luz luz luz.
Los rojos:	Filo filo filo filo.

Torero sevillano, 1927.

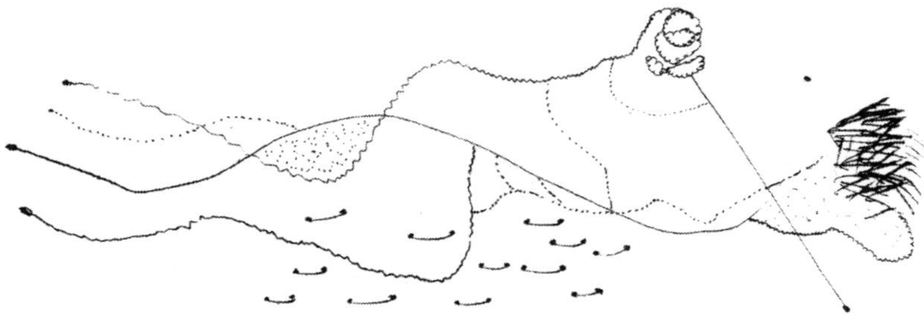

La gallina

Había una gallina que era idiota. He dicho idiota. Pero era más idiota todavía. Le picaba un mosquito y salía corriendo. Le picaba una avispa y salía corriendo. Le picaba un murciélago y salía corriendo.

Todas las gallinas temen a las zorras. Pero esta gallina quería ser devorada por ellas. Y es que la gallina era una idiota. No era una gallina. Era una idiota.

En las noches de invierno, la luna de las aldeas da grandes bofetadas a las gallinas. Unas bofetadas que se sienten por las calles. Da mucha risa. Los curas no podrán comprender nunca por qué son estas bofetadas, pero Dios sí. Y las gallinas también.

Será menester que sepáis todos que Dios es un gran monte VIVO. Tiene una piel de moscas y encima una piel de avispas y encima una piel de golondrinas y encima una piel de lagartos y encima una piel de lombrices y encima una piel de hombres y encima una piel de leopardos y todo. ¿Veis todo? Pues todo y además una piel de gallinas. Esto era lo que no sabía nuestra amiga.

¡Da risa considerar lo simpáticas que son aquellas gallinas! Todas tienen cresta. Todas tienen culo. Todas ponen huevos. ¿Y qué me vais a decir?

La gallina idiota odiaba los huevos. Le gustaban los gallos, es cierto, como les gusta a las manos derechas de las personas esas picaduras de las zarzas o la iniciación del alfilerazo. Pero ella odiaba su propio huevo. Y, sin embargo, no hay nada más hermoso que un huevo.

Recién sacado de las espigas, todavía caliente, es la perfección de la boca, el párpado y el lóbulo de la oreja. La mejilla caliente de la que acaba de morir. Es el rostro. ¿No lo entendéis? Yo sí. Lo dicen los cuentos japoneses, y algunas mujeres ignorantes también lo saben.

No quiero defender la belleza enjuta del huevo, pero ya que todo el mundo alaba la pulcritud del espejo y la alegría de los que se revuelcan en la hierba, bien está que yo defienda un huevo contra una gallina. Un huevo inocente contra una gallina idiota.

Lo voy a decir: una gallina amiga de los hombres.

Una noche, la luna estaba repartiendo bofetadas a las gallinas. El mar y los tejados y las carboneras tenían la misma luz. Una luz donde el abejorro hubiera recibido las flechas de todo el mundo. Nadie dormía. Las gallinas no podían más. Tenían las crestas llenas de escarcha y los piojitos tocaban sus campanillitas eléctricas por el hueco de las bofetadas.

Un gallo se decidió al fin.

La gallina idiota se defendía.

El gallo bailó tres veces pero los gallos no saben enhebrar bien las agujas.

Tocaron las campanas de las torres porque tenían que tocar, y los cauces y los corredores y los que juegan al golf se pusieron tres veces morados y tintineantes. Empezó la lucha.

Gallo listo. Gallina idiota. Gallina lista. Gallo idiota. Listos los dos. Los dos idiotas. Gallo listo. Gallina idiota.

Luchaban. Luchaban. Luchaban. Así toda la noche. Y diez. Y veinte. Y un año. Y diez. Y siempre.

POEMAS EN PROSA

Federico García Lorca

páginas

Ya lo dijo Casimiro Parker

Ilustraciones de Federico García Lorca.
Portada: *Arlequín ahogado*, 1927.

Edita YA LO DIJO CASIMIRO PARKER
Escribe FEDERICO GARCÍA LORCA
Corrige MARTA SÁNCHEZ HIDALGO
Revisa CARMEN CÓRDOBA
Imprime GRÁFICAS LA PAZ
Isbn 978-84-128459-8-3
Dep. Legal M-23366-2024
Primera edición Octubre 2024
Tercera edición Agosto 2026
64 páginas

FSC www.fsc.org MIXTO Papel | Apoyando la silvicultura responsable FSC® C127630

Gracias a Andrés Soria Olmedo por el acompañamiento
y a Laura García-Lorca por las facilidades.

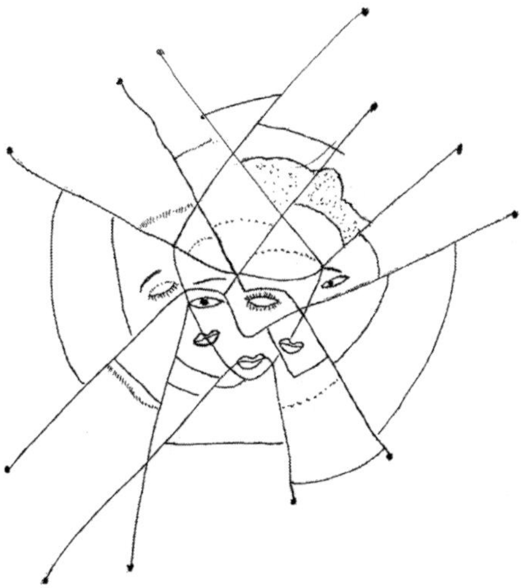

Este libro
comenzó
a ser vida
quizá un verano,
seguramente enamorado.